Jakob Jenisch
Szenische Spielfindung

Jakob Jenisch, Schauspieler, Regisseur, Dramaturg und Theaterpädagoge. Prof. em. der Folkwanghochschule Ruhr und an der Universität Gesamthochschule Essen. FWU-Lehrfilm *Spielend lernen*.

Jakob Jenisch

Szenische Spielfindung

Gruppenspiele und Improvisationen

in der Bearbeitung von Josef Broich

MATERNUS

Reihenhinweis: *Methoden szenischer Spielfindung* (Bd. 1)

Die Deutsche Bibliothek - CIP-Einheitsaufnahme

Jenisch, Jakob:
Szenische Spielfindung: Gruppenspiele und Improvisationen
/ Jakob Jenisch. In der Bearb. von Josef Broich [Hrsg.: RAST Spiel
und Theater Köln e.V., Köln]. - 3. überarb. u. erw. Aufl. - Köln:
Maternus, 1995 (Methoden szenischer Spielfindung; Bd. 1)
    ISBN 3-88735-008-1
NE: GT

3. überarb. u. erw. Auflage 1995

© 1991, 1995 by Maternus Verlag, Köln
Maternus Buchhandel und Verlag GmbH & Co KG
Severinstr. 76, D-50678 Köln
Printed in Germany 1995

Herausgeber: RAST Spiel und Theater Köln e.V., Köln
Redaktion: Susanne Seifert, Elsdorf-Etzweiler/Rhld.
Umschlagfoto: Lilli Schwethelm, Ortenberg/Hessen
Gesamtherstellung: WB-Druck GmbH & Co. KG, Rieden am Forggensee

ISBN 3-88735-008-1

Übersicht

führtwerden *Aufbauform* 28, Rücken an Rücken 29, Druck und Gegendruck 30

Gruppenspiele 31

Sprachspiele 45

Spiele zur Vorstellungskraft 49

Spiele zur Szenenfindung 53

Rechtfertigungsdialog 62, Fremde Arme - fremde Stimme 63, Zwei mit einer Stimme 64, Fremde Räume 65

Spiele für abgeschlossene szenische Handlungen

Streichholzszene 68, Tücherszene 69, Laborspiel 70, Dialogspiel mit Fremdbestimmung 71, Haltepunkt *Grundform* 72, Haltepunkt *Aufbauform I* 73, Haltepunkt *Aufbauform II* 74

Anhang

Spielserie für eine Zweitagesveranstaltung 76, Spiele zum Einstieg 77, Spiele zum Ausklang 78, Spieleregister 79

Zum Spieleinsatz

Einführung

Die *Szenische Spielfindung* entstand aus der spiel- und theater-
pädagogischen Jugendkulturarbeit, der Fort- und Weiterbildung.

Die Spiele lassen sich auch als zusammenhängende Spielkette
für die Improvisationsarbeit und für Spielstunden nutzen.

Spielort und Spielzeit

Die vorgestellten Spiele und Übungen sind vor dem Spielein-
satz auszuwählen und eignen sich vor allem für den Einsatz in
Innenräumen.

Die bei den Spielen angegebene Spielzeit berücksichtigt einen durchschnittlichen Zeitbedarf bei einem Einsatz in altersgemischten Gruppen mit überwiegend spielungewohnten Mitspielern.

Alter und Anzahl der Mitspieler

Die Spielserien eignen sich für einen altersgemischten Einsatz ab etwa 15 Jahren. Gleichzeitig besteht die Möglichkeit zu einer altersangepaßten Übungsdarstellung auch für jüngere Mitspieler.

Für eine sinnvolle Nutzung der Spiele ist von einer Gruppengröße von etwa acht bis zwanzig Mitspielern auszugehen. Jedes Spiel enthält einen Hinweis zur idealen Mindest- und Höchstteilnehmerzahl einer Spielgruppe.

Spielleiterverhalten

Trage die Spiele anschaulich mit deinen Wortern langsam und deutlich vor. Bei einer Änderung des eigenen Spielleiterstils bei der gleichen Spielgruppe ist dieses vorher anzukündigen. Bei einer Unsicherheit bei der Spielvermittlung sind die Mitspieler zu fragen, ob die Spieltexteingabe verstanden wird.

Der Erfolg eines Spiels beginnt mit der klaren, einfühlsamen und faszinierenden Spielansage durch den Spielleiter. Dieser Vorgang ist lernbar.

Als Spielblock sollte höchstens bis zu drei Zeitstunden zusammenhängend gespielt oder improvisiert werden, um einer möglichen Spielunlust und einem Konzentrationsmangel vorzubeugen.

Die einzelnen Spiele dauern unterschiedlich lang. Als Faustregel kann für die meisten Gruppen- und Partnerspiele einschließlich der erforderlichen Spieleinführung und einer kurzen Nachbereitung von einem Zeitbedarf von etwa dreißig Minuten ausgegangen werden.

Die Spiele zur Szenenfindung und die Spiele für abgeschlossene szenische Handlungen erfordern einen erheblich höheren Zeitaufwand.

Spielerverhalten

Erfinde beim Spiel eine Spielfigur, vertiefe und erfahre sie. Frage dich: Welche Konflikte und Auseinandersetzungen können sich im Spielgeschehen ergeben?

Du kannst ein Spiel
- zu einem Partner,
- mit einem Partner und
- gegen einen Partner
spielen.

Beziehe im Spiel dabei den räumlichen und den zeitlichen Rahmen mit ein. Frage dich: Wo, wann und mit wem ist meine Spielfigur?

Spiele bei einer eigenen Spielunsicherheit in deiner eigenen Spielposition auf Gedeih und Verderb weiter, bleibe in deiner Spielrolle, die du auch vereinfachen kannst, zumal die Spielspannung auch von den unterschiedlichen Ausdrucksformen und von der Abwechslung lebt.

Zur Anrede

Die Anreden und Bezeichnungen Mitspieler, Teilnehmer, Partner und Spielleiter gelten gleichermaßen auch für Mitspielerinnen, Teilnehmerinnen, Partnerinnen und Spielleiterinnen.

Ähnliches gilt auch bei der *Du*-Anrede, die den Umgang miteinander auch bei altersgemischten Spielgruppen erleichtert.

Spiele zum Kennenlernen

Koffupole →

Kennenlernen *Grundform*

10 bis 15 Minuten
8 bis 24 Mitspieler

Alle sitzen im Kreis.
A nennt seinen Vornamen.
B nennt den Vornamen von A, dann seinen eigenen Vornamen.
C nennt den Vornamen von A, dann von von B, dann seinen eigenen Vornamen.
D nennt den Vornamen von A, dann den von B, dann den von C, dann seinen eigenen Vornamen... usw.

Bei spielungewohnten Teilnehmern sollte die Spielgruppe aus höchstens zwölf Personen bestehen.

Kennenlernen *Aufbauform I*

10 Minuten
8 bis 24 Mitspieler

Alle sitzen im Kreis.
A nennt seinen Vornamen und sagt dann, wie er sich im Augenblick fühlt oder was ihn bewegt.

B wiederholt den Vornamen von A und das, was er von A behalten hat. Dann sagt B seinen Vornamen und das, was ihn bewegt... usw.

Bei spielungewohnten Teilnehmern sollte die Spielgruppe höchstens aus 12 Mitspielern bestehen.

Kennenlernen *Aufbauform II*

10 Minuten
8 bis 24 Mitspieler
Bei ungeraden Teilnehmerzahlen beteiligt sich der Spielleiter auch als Teilnehmer.

Alle sitzen im Kreis.
A nennt den Vornamen von B.
A sagt auch, was ihm zu B einfällt: Eindruck oder Beobachtung.

Beispiel: Karin sieht blaß aus und trägt einen Handverband.
B wiederholt seinen eigenen Namen und A's Eindruck von ihm.
Dann nennt B den Namen von C und seinen Eindruck zu C.

C nennt B's Namen und A's Eindruck von B.
C nennt seinen eigenen Namen und den von B geäußerten Zustand.
C nennt den Namen von D und seinen Eindruck von D... usw.

Bei spielungewohnten Teilnehmern sollte die Spielgruppe höchstens aus 12 Mitspielern bestehen.

Partnerspiele

Partnerwahl

15 bis 20 Minuten
Ab 6 Mitspieler

Alle sitzen im Kreis.
A geht in die Kreismitte und schließt die Augen.
Der Kreis summt.
Der Spielleiter zeigt auf B.
B geht leise und langsam zu A.

Eine verabredete Berührung:
B legt seine Hand auf die Schulter von A, Kopf zwischen den
Schulterblättern, Hand an Backe... usw.

A entscheidet sich mit „ja" oder mit „nein", ob er B als Spielpartner haben möchte.

Bei „ja" verlassen beide den Kreis und C stellt sich in die
Kreismitte... usw.

Bei „nein" schickt der Spielleiter einen anderen Spielpartner in
die Spielmitte und das Spiel wiederholt sich bis zu einem „Ja".

Kartonspiel *Grundform*

10 bis 15 Minuten
Ab 8 Mitspieler
Vorher leere Kartons besorgen

Leere Kartons werden auf den Boden gestellt.

An jedem Karton zwei Mitspieler.
Der Karton darf nur mit den Zeigefingerspitzen oder den Fingerkuppen hochgehoben werden.

Dabei *nicht* sprechen, rufen oder andere Signale geben. Verändere deine Haltung und die des Kartons.

Beispiel: Mitspieler unten, Karton oben oder Mitspieler längs auf dem Boden und der Karton flach über den Mitspielern.

Tragt den Karton durch den Raum.

Kartonspiel *Aufbauform I*

Etwa 15 Minuten
Ab 8 Personen
Vorher leere Kartons besorgen

Leere Kartons werden auf den Boden gestellt. An jedem Karton zwei Mitspieler. Der Karton darf nur mit den Zeigefingerspitzen oder den Fingerkuppen hochgehoben werden.

Dabei *nicht* sprechen, rufen oder andere Signale geben. Verändere deine Haltung und die des Kartons.

Tragt den Karton durch den Raum. Stelle dabei Tische und Stühle als Hindernisse in den Raum, über die gestiegen, unter die gekrochen werden kann.

Kartonspiel *Aufbauform II*

Spielzeit: 15 bis 20 Minuten
Teilnehmer: ab 8 Personen
Vorher leere Kartons besorgen
Je größer die Kartons, desto leichter ist mit ihnen zu spielen

Zwei Mitspieler halten mit den Zeigefingerspitzen einen Karton so hoch, daß sie sich wieder in die Augen sehen können.

Die beiden Mitspieler stoßen den Karton gleichmäßig in die Höhe und lassen ihn von zwei anderen Mitspielern mit den Fingerspitzen auffangen.

Die Mitspieler wechseln sich mehrfach ab.

Partnerübung 24.8/1

20 bis 25 Minuten
Ab 8 Mitspieler

Wir verteilen uns alle gleichmäßig im Raum.
Wir gehen durch den Raum, jeder in seine Richtung und mit seiner Gehgeschwindigkeit.

Der Raum ist immer gleichmäßig auszufüllen.
Wir versuchen, ein gleichmäßiges Tempo zu erreichen und zu halten.

Achte auf einen freien Gang:
Blicke in den Raum und nicht auf den Boden.
Gehe dahin, wo noch Platz ist oder wo du gerne hingehen möchtest.

Werde langsamer. Bleibe stehen.

Jeder wendet sich einem Spielpartner so zu, daß er ihn ansehen kann. Bei einer ungeraden Teilnehmerzahl wird der Spielleiter auch zum Teilnehmer.

Die Entfernung zwischen den Spielpartnern bleibt konstant: Als ob ein Stock zwischen ihnen stehen würde.

A geht langsam vorwärts, B geht langsam rückwärts.
B will seitwärts nach links, A geht auch seitwärts nach rechts.

Beachte:
A ist für B verantwortlich. Wenn B rückwärts geht, achtet A darauf, daß B nicht gegen andere Spielpartner stolpert.

Steigere das Tempo.
Rufe: Ja! Halt! Stopp! Nein! Du! So!... usw.

Bewegungsspiegel

15 bis 20 Minuten
Ab 8 Mitspieler

Stellt euch zu zweit gegenüber.
Seht euch in die Augen.

Beginnt langsam mit einer Bewegung, die von einem Spielpartner vorgegeben wird.

Der andere Spielpartner macht die gleichen Bewegungen ebenso langsam nach.

Langsam ergibt sich die Gemeinsamkeit der Bewegung.
Haltet Blickkontakt mit eurem Spielpartner.
Berührt euch nicht.

Versuche, langsam deinen Spielpartner in seinen Beweggründen
zu erahnen.
Macht alles sehr langsam.

Die Übung beginnt erst ab fünf Minuten zu wirken. Während
des Übungsverlaufes bitte nicht sprechen.

Gefühlsspiegel

20 Minuten
Ab 6 Mitspieler

Stellt euch zu zweit gegenüber. Seht euch an. Beginnt langsam, eure Empfindungen „sichtbar zu machen".

Der Spielpartner nimmt die gleichen Empfindungen auf und spiegelt sie, indem er sie sichtbar macht.

Versucht, eine Gemeinsamkeit der Empfindungen zu entwikkeln.

Haltet Blickkontakt mit eurem Partner. Laßt euch soviel Zeit, wie ihr gemeinsam braucht.

Auf und ab mit Schwerpunktsetzen

20 bis 30 Minuten
Ab 6 Mitspieler

Legt oder setzt euch bequem auf den Boden. Verbleibt zunächst in dieser Stellung. Konzentriert euch.

Spanne nur so viele Muskeln an, wie für die gewählte Stellung benötigt werden. Versuche, langsam, ganz langsam aufzustehen. Unterteile deine Bewegungen in möglichst viele Einzelbewegungen.

Bewege immer nur einen Körperteil zur gleichen Zeit. Wenn du dein Gleichgewicht nicht mehr halten kannst, gehe zurück in deine letzte Position.

Spüre deine Muskelspannung bewußt und versuche, sie auszugleichen.

Wenn du stehst, bewege dich auf dem gleichen Weg in die Ausgangslage zurück.

Nehme dir soviel Zeit, wie du brauchst. Mache kurze Pausen. Wiederhole das Aufstehen und Hinsetzen mehrmals.

Pokampf

15 bis 20 Minuten
Ab 6 Mitspieler
Vorher Stöcke und Besenstiele besorgen

Wir bilden einen Kreis. Zwei von uns gehen in die Kreismitte. Ihnen werden die Augen verbunden.

In die rechte Hand erhalten sie einen Besenstiel. Dann werden beide Spielpartner mehrmals um ihre eigene Achse gedreht.

Jeder versucht festzustellen, wo der andere Spielpartner steckt.

Es geht darum, den anderen Spielpartner mit dem Stock oder Besenstiel am Po zu berühren.

Dabei sind Täuschungsversuche auch durch die übrigen Mitspieler ausdrücklich erwünscht.

Aggression und Zuneigung *Grundform*

30 bis 40 Minuten
Bis 20 Mitspieler

Partnerwahl: Zwei Spielpartner stellen sich gegenüber und legen die Arme jeweils auf die Schultern des anderen. Oder die beiden Spielpartner stellen sich schräg Schulter an Schulter.

Drängt euch gegeneinander. Bleibt dabei im Spiel. Jeder gibt soviel Druck und Gegendruck, daß sein Spielpartner sich noch gerade am Platz halten kann.

Sprecht laut miteinander, schreit euch an:
Geh weg!
Hau ab!
Zisch ab!
Los: Weg hier!
Nein: Bleib doch!

Ändere auf ein Zeichen des Spielleiters - ein Klatschen oder Pfeifen - deinen Gefühlsausdruck.

Beispiele hierzu:
- Vergeben.
- Verzeihen.
- Beschwichtigen.
- Wiedergutmachen.

Benutze dabei Blicke und Gebärden, jedoch wenig Worte. Wechselt zwischen Aggression und Zuneigung mehrfach ab.

Aggression und Zuneigung *Aufbauform*

20 Minuten
Bis 20 Mitspieler

Die Grundform von *Aggression und Zuneigung* ist auch in Kreisform spielbar:
- Innenkreis mit dem Gesicht nach außen.
- Außenkreis mit dem Gesicht nach innen.

Auf ein Zeichen des Spielleiters hin - *ein Klatschen oder ein Pfeifen* - wechselt der Außenkreis im Uhrzeigersinn den Spielpartner.

Mit jedem Partner sollte mindestens einmal Aggression und mindestens einmal Zuneigung gespielt werden können.

Führen und Geführtwerden *Grundform*

20 Minuten mit Partnerwechsel
8 bis 24 Mitspieler / Paarspiel

Partnerwahl. A schließt die Augen.
B nimmt A an der Hand oder an den Fingern.
B führt den blinden A durch den Raum und schildert ihm dabei,
wo er sich befindet. B kann A über Hindernisse steigen lassen.

Anschließend: Führungswechsel.

Führen und Geführtwerden *Aufbauform*

20 Minuten mit Partnerwechsel
8 bis 24 Mitspieler / Paarspiel

Partnerwahl. A schließt die Augen. B nimmt A an der Hand
oder an den Fingern.

B kann A auffordern, imaginär bestimmte Gegenstände zu tragen: Briketts, Wassereimer, Eisscholle... usw.

Danach führt B den „blinden" Spielpartner A ohne Erläuterungen durch den Raum, läßt A über Hindernisse steigen usw.

Anschließend: Führungswechsel.

Rücken an Rücken

10 Minuten
6 bis 24 Mitspieler

Zwei in etwa gleichgroße Spielpartner stellen sich Rücken an
Rücken. Dabei macht einer der Spielpartner seine Augen zu.

Gemeinsam versuchen beide Spielpartner, langsam loszugehen.
Einer geht vorwärts, der andere geht rückwärts. Dabei spricht
keiner.

Haltet dabei immer euren Rückenkontakt:
- Schulter an Schulter,
- Gesäß an Gesäß.

Findet einen gemeinsamen Rhythmus.

Druck und Gegendruck

10 bis 15 Minuten
6 bis 24 Mitspieler

Zwei in etwa gleichgroße Spielpartner lehnen sich mit der rechten bzw. der linken Schulter aneinander.

Fangt sanft an, gegeneinander zu drücken. Der Druck wird stärker und stärker. Drückt so, daß ihr euch nicht von der Stelle bewegt. Haltet euer Gleichgewicht auch bei einem verstärkten Druck.

Sprecht, schreit dazu:
Geh weg!
Hör auf!
NNNeiiin!
Soooooh!

Probiert bei dieser Übung auch den Po, den Rücken und die Hände zum Drücken und für den Gegendruck.

Oder zieht aneinander...

Gruppenspiele

Stuhlturm

20 Minuten
8 bis 20 Mitspieler
Beim Stuhlturm *wird das vorhandene Mobiliar wie Stühle und Tische genutzt*

Jeder steckt eine Hand in die Hosentasche. Aus den im Raum vorhandenen Stühle, Tischen, Bänken soll ein hoher Turm gemeinsam gebaut werden.

Jeder darf nur mit einem Finger arbeiten. Dabei bitte nicht sprechen und auch keine Grimassen ziehen: alles ist ganz, ganz ernst zu machen.

Gemeinsam summen wir ein Lied. Kein Lied nennen, sondern einfach lossummen, bis sich alle auf ein Lied eingesummt haben. Dabei stehen wir alle sehr nahe beieinander.

Ist alles fertig, so setzen wir uns auf den Boden und summen unser Lied weiter.

Turmbau

15 Minuten
8 bis 20 Mitspieler
Beim Turmbau *wird das vorhandene Mobiliar wie Stühle und Tische genutzt*

Gemeinsam summen wir ein Lied. Dabei Einfach lossummen, bis sich alle auf ein Lied eingesummt haben.

Dabei stehen wir alle sehr nahe beieinander. Summen alle ein gemeinsames Lied, so setzen wir uns auf den Boden und summen unser Lied weiter.

Der Turm - siehe das Spiel *Stuhlturm* - wird ebenso still und summend wieder abgebaut, wie er vorher aufgebaut wurde.

Dann werden ohne gemeinsame Verabredung die Stühle, Tische und Bänke irgendwo im Raum wieder abgestellt.

Daumen- und Fingerkreis

10 bis 15 Minuten
Ab 8 Mitspieler

Wir bilden einen Kreis: rechte Schulter nach innen.
Strecke deine rechte Hand aus: Daumen und kleinen Finger abspreizen.

Lege den Daumen an die Fingerkuppe des kleinen Fingers von deinem rechten Spielnachbarn, die kleine Fingerkuppe an den Daumen deines linken Nachbarn.

Sei still und warte.

Folge allen Bewegungen, die sich im Kreis ergeben.
Halte möglichst lange durch.

Rhythmusklopfen

15 Minuten
Ab 6 Mitspieler

Setze dich hin und achte auf dich.
Versuche, einen eigenen Klopfrhythmus zu entwickeln und ihn
auch zu halten.

Laß langsam einen gemeinsamen Klopfrhythmus entstehen.
- Biete an.
- Horche.
- Nimm auf.

Halte den gemeinsamen Rhythmus so lange wie du möchtest.
Den gemeinsamen Grundrhythmus kannst du auch unterteilen.

Summkreis *Grundform*

20 Minuten
8 bis 24 Mitspieler

Wir bilden einen Kreis. Einer von uns stellt sich in die Kreismitte und schließt die Augen.

Wir stellen uns ganz dicht zur Kreismitte und fangen an zu summen.

Wir summen immer lauter und öffnen dabei den Kreis. Wir werden leiser, noch leiser, verstummen.

Der im Kreis Stehende dreht sich mit geschlossenen Augen im Kreis.

Besteht die Gefahr, daß er den Kreisrand berühren könnte, summen die in seiner Nähe Stehenden sanft in seine Richtung.

Langsam beginnt der im Kreis Befindliche zu laufen. Dabei wird der Kreis kleiner und kleiner und fängt an zu summen. Erst leise summen, dann lauter werden. Wieder leiser werden, noch leiser, verstummen.

Anschließend kann ein anderer Mitspieler in die Kreismitte.

Summkreis *Aufbauform*

20 Minuten
8 bis 24 Mitspieler

Wenn der beim der Übung *Summkreis Grundform* im Kreis Stehende aus dem Kreis auszubrechen droht, summt die ihm entgegengesetzte Seite.

Daher ist zu versuchen, immer in die Richtung des Summtons zu gehen.

Uterusübung

10 Minuten für jeden Durchgang
8 bis 10 Mitspieler für jede Spielgruppe

Ein Mitspieler aus jeder Spielgruppe legt sich mit dem Rücken auf den Boden und schließt die Augen.

Mindestens sechs, besser acht Mitspieler knien sich um ihn herum, legen ihre Arme auf den Körper des Liegenden: Brusthöhe, Becken, Beine.

Ein Mitspieler kniet am Kopfende des Liegenden. Die sich gegenüberknienden Spielpaare reichen sich unter dem Körper des Liegenden langsam die Hände und halten sich fest.

Ein Spielpaar in Brusthöhe,
ein Spielpaar in Beckenhöhe,
mindestens ein Spielpaar in Beinhöhe,
ein Mitspieler hält mit seinen flachen Händen den Kopf des Liegenden.

Langsam versuchen alle Knienden den Liegenden ganz langsam im gleichmäßigen Tempo hochzuheben. Dabei beginnen sie zu summen.

Hebt den Liegenden höher und höher. Alle Tragenden heben den Liegenden in gleicher Höhe.

Geht mit dem Liegenden durch den Raum.

Laßt ihn tiefer und tiefer gleiten. Summt dabei weiter.

Macht so lange weiter, wie ihr es möchtet und körperlich auch gut ertragen könnt.

Laßt den Liegenden summend sehr langsam wieder zu Boden gleiten.

Summt noch eine Weile weiter. Legt die Hände auf den Ruhenden. Werdet noch leiser, verstummt.

Nehmt die Hände von dem Ruhenden, der nach einer Weile wieder die Augen öffnet.

Danach: Partnerwechsel.

Klatschkreis *Grundform*

10 bis 15 Minuten
Bis 16 Mitspieler

Wir setzen uns alle im Kreis. Jeder von uns bietet einen Klatschrhythmus an oder übernimmt einen Klatschrhythmus.

Dabei wird sich nach und nach auf einen gemeinsamen Klatschrhythmus klatschend geeinigt.

Der Klatschrhythmus geht im Uhrzeigersinn reihum:
Zuerst klatscht ein Mitspieler, dann die Gruppe.

Dann klatscht der nächste Mitspieler,
dann wieder die Gruppe... usw.

Klatschkreis *Aufbauform*

15 bis 20 Minuten
Bis 16 Personen

Es wird ein bestimmter Rhythmus vor Übungsbeginn verein-
bart, der von jedem Mitspieler eingehalten wird. Hierzu bilden
wir einen Kreis.

Reihum klatscht jeder Mitspieler den vereinbarten Rhythmus.

Geachtet wird beim Rhythmus auf eine gleiche Lautstärke, ein
gleiches Klatschtempo und einen gleichen Klatschabstand.

Der letzte Klatscher des ersten Durchgangs ist anschließend
auch der erste Klatscher des zweiten Durchgangs.

Anschließend endet der Kreis immer wieder beim nächsten Mitspieler und beginnt beim gleichen Mitspieler wieder mit einem
veränderten Klatschrhythmus... usw.

Stuhlaufgabe

30 bis 40 Minuten
8 bis 24 Mitspieler
Für die Hälfte der Mitspieler werden Stühle benötigt

Die Hälfte der Mitspieler setzt sich in einer Reihe auf Stühle. Ihnen gegenüber sitzen alle anderen Mitspieler der Gruppe.

Die auf den Stühlen Sitzenden sollen möglichst *gemeinsam aufstehen*,
... gehen drei Schritte vor,
... drehen sich um,
... gehen hinter ihre Stühle,
... heben die Stühle hoch,
... gehen mit den Stühlen drei Schritte vor,
... setzen die Stühle ab,
... gehen vor die Stühle und
... setzen sich auf die Stühle.

Wesentlich dabei ist: Alles ist gemeinsam und zur gleichen Zeit zu machen.

Alle anderen Mitspieler beobachten die Stuhlträger. Wenn keine gemeinsame Aktion beobachtet wird, kann jeder Beobachter die Aktion stoppen.

Die Stuhlträger brechen dann ab und beginnen wieder von vorne. Das Spiel wird so lange wiederholt, bis sie es schaffen.

Danach Spielerwechsel. Die ehemaligen Stuhlträger werden zu Beobachtern und Schiedsrichtern und die ehemaligen Beobachter werden Stuhlträger. Dabei haben die neuen Schiedsrichter hierbei die Chance, sich ausgiebig zu rächen.

Stuhlaufgabe ist ein sehr explosives Spiel.

Fallübung

Bis 20 Minuten bei mehreren Durchgängen
8 Mitspieler für jede Spielgruppe

Wir setzen uns im Kreis auf den Boden. Setzt euch ganz dicht aneinander. Laßt keine Lücke entstehen.

Einer von uns geht in den Kreis, macht sich ganz steif und schließt seine Augen.

Er läßt sich fallen.

Der Kreis fängt ihn auf und stellt ihn wieder in den Kreis.
Oder schwingt ihn hin und her.
Oder reicht ihn im Kreis weiter.

Vertrauensübung

Bis 15 Minuten bei mehreren Durchgängen
Etwa 8 Mitspieler für jede Spielgruppe

Wir *stellen* uns im Kreis auf.

Einer von uns stellt sich in die Kreismitte, macht sich ganz steif und schließt die Augen.

Er läßt sich nach vorne oder nach hinten fallen.
Der Kreis stupst ihn in eine andere Richtung oder reicht ihn im Kreis herum.

Knäuel

20 bis 30 Minuten
10 bis 20 Mitspieler

Jeder steht für sich allein im Raum und schließt die Augen. Taste dich mit erhobenen Armen durch den Raum, bis du mit einem Partner zusammentriffst.

Bleibe stehen, wenn du neben dir einen Partner spürst. Spüre seine Wärme, nehme einen Körperkontakt mit ihm auf. Versuche, dich so zu verhalten, daß du dich wohlfühlen kannst.

Laß deine Augen geschlossen und lege einen Arm auf die Schulter deines Spielpartners.

Suche auch mit dem anderen Arm Kontakt zu anderen Spielpartnern - der Spielleiter kann hierbei auch etwas nachhelfen. Bleibe stehen.

Versuche, in gemeinsame Bewegungen mit anderen Spielpartnern zu kommen. Suche auch mit dem anderen Arm einen Körperkontakt zu anderen Spielpartnern, wenn du ihn noch nicht hast.

Beende dein Schwingen nach deinem Rhythmus.

Bleibe eine Weile stehen und beginne danach erneut mit deinen Schwingungen.

Lasse beim Schwingen auch einen Ton kommen. Nach mehreren Wiederholungen löst euch voneinander. Geht auseinander, bis jeder wieder allein im Raum steht. Öffne deine Augen.

Bildmalen

20 bis 30 Minuten
4 Mitspieler für jede Spielgruppe
Benötigt werden Papierbögen, Farbstifte und Tesakrepp

Wir bilden Spielgruppen zu jeweils vier Personen. Nehmt weiße
große Papierbögen und Farbstifte. Heftet die Bögen mit Tesakrepp an den Boden.

Zu viert malen wir ein Bild.
Zuerst malt jeder ein Bild für sich.

Schaffe auch Verbindungen zu den anderen Einzelbildern deiner Malgruppe.

Zum Schluß entsteht ein gemeinsames Bild der Malgruppe.

Sprachspiele

Telefongespräch

10 Minuten
6 bis 16 Mitspieler für jede Spielgruppe

Wir bilden Spielpaare. Einigt euch auf ein beliebiges Thema, über das ihr euch unterhalten könntet.

Etwa drei bis acht Spielpaare setzen sich in einem Abstand von mehreren Metern gegenüber. Alle beginnen gleichzeitig über ein bestimmtes Thema zu telefonieren.

Auf Aufforderung des Spielleiters haben alle Spielpaare - außer einem Spielpaar - Funkstille. Das eine Spielpaar telefoniert laut weiter. Dabei wird es von allen anderen Spielpaaren abgehört.

Auf ein weiteres Zeichen des Spielleiters telefonieren alle Spielpaare wieder über ihr Thema weiter. Nach und nach werden andere Spielpaare abgehört.

Kettengeschichte

15 Minuten
6 bis 20 Mitspieler

Wir setzen uns alle bequem in einen Kreis. Einer von uns beginnt mit einer Feststellung in einem *kurzen* Satz. Beispiel: „Da ist eine Mauer eingestürzt!"

Ein anderer Mitspieler ergänzt diese Feststellung. Immer mehr Ergänzungen ergeben eine Geschichte.

Einzige Bedingung: Alle weiterführenden Sätze sollen sich vor allem auf den jeweils vorher gesagten Satz beziehen. Es geht beispielsweise nicht: „Ein regenverhangener Himmel" nach „Eine sonnenheiße Wüste". Vielleicht gelingt es uns gemeinsam, uns eine Geschichte mit einem Anfang und einem Ende auszudenken.

Objektgeschichte *Grundform*

30 bis 40 Minuten bei mehreren Durchgängen
Ab 6 Mitspieler
Vorher beliebige Gegenstände wie Pappbecher, Flasche, Bleistift und Kerze besorgen

Fünf beliebige Gegenstände: Beispielsweise ein Pappbecher, eine Flasche, ein kleiner Karton, ein Bleistift und ein Kamm.

Diese Gegenstände sollen alle zusammen gut in die Hände genommen werden können.

Der Mitspieler bezeichnet diese Gegenstände
- als Ort,
- als Person(en),
- als fiktiver Gegenstand / als fiktive Gegenstände.

Die Gegenstände liegen auf einer Spielfläche aus, um die herum die Mitspieler einen Kreis bilden.

Die Bezeichnung der Gegenstände kann beispielsweise so erfolgen:
Das Haar ist die Nase des Seemanns (Gegenstand A).
Die Spitze eines Berges in den Cordilleren (Gegenstand B).
Ein Rentner in einem Altersheim (Gegenstand C).
Ein ausgebeulter Koffer (Gegenstand D).
Eine Katze auf einem Sofa (Gegenstand E).

Ein anderer Mitspieler geht zum Gegenstand A und beginnt von ihm zu erzählen.

Dies macht er so lange, bis er einen Übergang zu einem anderen Gegenstand gefunden hat.

Dann legt er seinen ersten Gegenstand wieder auf die Spielfläche und geht zum zweiten Gegenstand B und erzählt von ihm...

So fährt er fort bis zum fünften Gegenstand, mit dem seine zusammenhängende Geschichte endet.

Zusammenhängende Ideen kommen beim Sprechen und beim Beschreiben des augenblicklichen Gegenstandes. Probiere es aus.

Objektgeschichte *Aufbauform*

40 bis 60 Minuten
Ab 6 Mitspieler
Benötigt werden realee Gegenstände wie ein Hut und Streichhölzer

In Abänderung zur *Objektgeschichte Grundform* jetzt ein Spiel mit *realen* Gegenständen.

Beispiel: Ein realer Strandhut, Streichhölzer, Perücke, Damenhut und Silberpapier... usw.

Spiele zur Vorstellungskraft

Auf einem fremden Stern

30 bis 45 Minuten
Ab 8 Mitspieler

Wir alle legen uns entspannt auf den Boden. Mache deine Augen zu und bleibe etwa zwei Minuten liegen.

Alles um uns herum hat sich verändert. Wir befinden uns auf einem anderen Stern.

Öffne deine Augen langsam.
Auf dem anderen Stern gibt es
- keine Furcht,
- keine Tabus,
- keine Verbote,
- keine Abwehr.

Auf dem anderen Stern gibt es dagegen
- Vertrauen,
- Staunen,
- Neues zum Fühlen, Sehen, Hören und zum vorsichtigen Betasten.

Fang bei deiner eigenen Kleidung an. Beispielsweise entdeckst du deine eigene Armbanduhr, als ob du so ein Ding noch nie gesehen hättest. Du entdeckst deine nähere Umgebung.

Dabei sind für dich die Schuhe deines Nachbarn untersuchenswert wie für deinen Nachbarn die Haare dessen, der seine Schuhe untersucht.

Das Spielgefühl setzt im Regelfall etwa nach 15 bis 20 Minuten ein.

Zu empfehlen ist das Spiel *Auf einem fremden Stern* insbesondere für vertraute Spielgruppen in halbdunklen und warmen Räumen.

Als Raumbeleuchtung ist dabei Kerzenlicht zu empfehlen.

Streichholzspiel

40 Minuten bei zwei Spieldurchgängen
5 bis 10 Mitspieler je Spieldurchgang
Vorher Streichhölzer besorgen

Etwa fünf bis zehn Mitspieler legen sich auf den Boden. Jeder einzelne Mitspieler erhält Streichhölzer, aus denen er für sich sehr konzentriert eine Figur legt.

Ein *fiktives* Gespräch kommt von irgendwo her. Das Geräusch beginnt zu stören.

Mit der eigenen Mimik der Mitspieler erfolgt untereinander eine Einigung darüber, woher das Geräusch kommt. Es kann nicht weitergespielt werden. Das Geräusch stört zu sehr.

Versuche, auch andere Mitspieler auf das störende Geräusch hinzuweisen: Mit Bewegung, mit deinen Blicken.

Die Spielgruppe entscheidet, wann und wie sie sich dem Geräusch nähert.

Für die Zuschauer soll erkennbar sein, ob es sich um ein beruhigendes, ein angenehmes, ein schrilles, ein furchterregendes oder ein unbekanntes Geräusch handelt.

Es soll erkennbar sein, wann das Geräusch sehr stark ist und wann es nachläßt.

Zum Spielschluß kehrt jeder zu seinen Streichhölzern zurück. Das Geräusch verstummt.

Anschließend: Gruppenwechsel.

Bilder sprechen und erzählen

30 Minuten
Ab 9 Mitspieler / 3 bis 8 Mitspieler für jede Spielgruppe

Wir teilen uns in drei Spielgruppen auf.

Die erste Gruppe entwickelt mit genauen Detailangaben eine Figur, die nicht in Bewegung ist: Vom Dreckklümpchen am linken Schuhabsatz bis zum gekräuselten Haar aus dem rechten Nasenloch. Beschrieben wird von einer Figur nur Sichtbares.

Die zweite Gruppe - die genau zugehört hat - schildert nun die Umgebung, in der die Figur steht, sitzt oder liegt.

Auch hier gilt: Alles muß logisch sein und bis ins kleinste stimmen. Also nicht: Ein blühendes Gänseblümchen auf einem asphaltierten Platz.

Die dritte Gruppe schildert einen inneren Monolog *der Figur* mit *ihrer Umgebung*. Jeder Mitspieler der dritten Gruppe kann ergänzen, kann weitererzählen.

Spiele zur Szenenfindung

Zahlendialog

15 bis 20 Minuten
3 Mitspieler für jede Spielgruppe

Drei Spielpartner - A, B und C - setzen sich auf Stühle. Statt mit Worten können sie sich nur mit Zahlen verständigen. Ihr Zahlenwissen reicht von 1 bis 250.

Sie unterhalten sich mittels Zahlen. Jeder Spielpartner kann so viele Zahlen benutzen wie er möchte.

Endet ein Spieler mit 42, setzt der nächste Spieler mit 43 fort.

Kommt es dabei auch zu Wutanfällen, Schmeicheleien, redet einfach drauflos. Steht auf, verstellt die Stühle. Faßt euch an. Lebt euch körperlich aus.

Danach: Gruppenwechsel.

Beschreibungsspiel *Grundform*

30 bis 40 Minuten je Durchgang
Bis 20 Mitspieler / Paarspiel
Vorher Streichhölzer besorgen

Jeder Mitspieler erhält acht Streichhölzer als Hilfsmittel. Jedes Streichholz dient einer genauen Beschreibung von sich selbst durch eine W-Frage.

Nach jeder Antwort zu einer W-Frage wird ein Streichholz beiseite gelegt.

Wer: Otto Meier, Angestellter beim Wasserwerk, 47 Jahre.
Wo: In einem Appartment.
Wann: Abends. Im Winter nach der Arbeit.
Was: Abendbrot essend. Der Fernseher läuft.
Wie: Gelangweilt.
Warum: Essen kalt. Krimi schlecht.
Eventuell ergänzen:
Woher: Von der Arbeit oder aus der Kneipe nach der Arbeit.
Wohin: Ins Bett, zu meiner Freundin.

Der zweite Mitspieler macht es ebenso mit den W-Fragen.

Anschließend:
Die beiden Mitspieler als entworfene Figuren lassen ein Gespräch zwischen sich entstehen.
Jeder bekommt hierzu zehn Streichhölzer.
Hierzu wird die Frage Wo... von A für A und B und die Frage Wann... wird für beide von B festgelegt.

Danach: Gruppenwechsel, wenn gewünscht.

Beschreibungsspiel *Aufbauform I*

20 Minuten je Durchgang
Bis 20 Personen / Paarspiel
Vorher Streichhölzer besorgen

Als Variation zum *Beschreibungsspiel mit Streichhölzern* beschreiben sich die Mitspieler A und B jeweils abwechselnd mit einem Streichholz.

Jeder Mitspieler erhält hierzu zusammen acht Streichhölzer als Hilfsmittel.

Mit jedem Streichholz beschreibt man mit den W-Fragen genauer.

Nach jeder Antwort zu einer W-Frage wird ein Streichholz beiseite gelegt.

Die W-Fragen: Wer, wo, wann, was, wie, warum, woher und wohin. Der zweite Mitspieler macht es mit den W-Fragen ebenso.

Beim achten Streichholz versuchen beide Spielpartner abwechselnd ins Gespräch zu kommen. Übt mit wechselnden Partnern mehrmals.

Beschreibungsspiel *Aufbauform II*

15 bis 20 Minuten
Bis 20 Mitspieler / Paarspiel
Vorher Streichhölzer besorgen

Als Variation zum *Beschreibungsspiel mit Streichhölzern* beschreiben sich die Mitspieler A und B jeweils abwechselnd mit einem Streichholz.

Jeder Mitspieler erhält auch hierzu zusammen acht Streichhölzer als Hilfsmittel.

Mit jedem Streichholz beschreibt man mit den W-Fragen genauer.

Nach jeder Antwort zu einer W-Frage wird ein Streichholz beiseite gelegt.

Setze vor das Dialog-Streichholz auch die Beschreibung der körperlichen Bewegung, aus der heraus die Antwort kommt. Wähle dabei die Ich- oder die Er-Form.

Beispiele:

„Mit aufgerissenen Augen erhob ich mich und sagte: Also, das ist stark, Birgit!"

„Sie strich verlegen ein Stäubchen von ihrer Tasche und flüsterte: Aber eigentlich wollte ich die Bild-Zeitung haben!"

Beschreibungsspiel *Aufbau III*

15 bis 20 Minuten
Bis 20 Personen / Paarspiel
Vorher Streichhölzer besorgen

Die Spielpaare setzen sich in der von ihnen geschilderten Situation zueinander.

Jeder Mitspieler erhält hierzu zusammen höchstens zehn Streichhölzer als Hilfsmittel.

Dabei kann immer noch mit den Streichhölzern als Hilfsmittel zum Dialogspiel hantiert werden, deren Anzahl auf jeweils zehn Stück für jeden Mitspieler beschränkt bleibt.

Mit jedem Streichholz wird sich wie in den vorausgegangenen Übungen mit den W-Fragen genauer beschrieben. Nach jeder Antwort zu einer W-Frage wird ein Streichholz beiseite gelegt.

Spieler A spricht einen Dialogsatz und legt ein Streichholz beiseite.

B spricht hierzu einen Satz und legt ebenfalls sein 1. Streichholz beiseite... usw.

Die Streichholzanzahl kann nach dem ersten Durchgang gesteigert werden. Der Dialog sollte ist bei einem zur Figur passenden Thema bleiben.

Handlungsstützpunkte *Grundform*

5 Minuten je Spielpartner
Ab 8 Mitspieler

Der Spielleiter bietet einzelne Handlungen an, die die Spielpartner A und B als Spielpaar mit in ihr Spiel einzubeziehen
haben.

Beispiel:

Hereinkommen, Wand einmal berühren.
Stuhl hinstellen.
Sich am Kopf fassen.
Sich einmal umdrehen... usw.

Die Spielpaare denken sich hierzu eine gemeinsame Spielsitua-
tion aus.

Beim Spiel selbst wird nicht gesprochen. Statt dessen steht der
ganze Körper als Ausdrucksmedium zur Verfügung. Daher ist
eine Spielbesprechung vor Spielbeginn erforderlich.

Handlungsstützpunkte *Grundform*

15 Minuten je Durchgang
Ab 8 Mitspieler / Paarspiel

Zwei Spielpartner.
Mitspieler A sitzt an einem Tisch.
Mitspieler B steht an einem Fenster.

Folgender Bewegungsablauf wird festgelegt:

A blickt zu B.
B wendet sich mit Drehung zu A.
A blickt von B weg.
B geht auf A zu und bleibt neben ihm stehen.
A bewegt sich der Situation entsprechend auf seinem Stuhl.
A spürt, wie B auf ihn zugekommen ist. Er läßt daraus eine Bewegung entstehen.
A steht langsam auf.
A und B finden gemeinsam den Abgang vom Spielort: Gehen sie gemeinsam? Gehen sie eng umschlungen? Gehen sie nacheinander - A zuerst, B zuerst?

Die Beobachter berichten ihr Gesehenes: Was hat sich zwischen den beiden Spielpartnern abgespielt? Auch die beiden Spielpartner tauschen ihre Gedanken aus.

Haben die Beobachter ihre „Fabel" erkannt? Gegebenenfalls spielen beide Spielpartner eine verdeutlichte Fassung noch einmal.

Rechtfertigungsdialog

10 Minuten je Durchgang
Ab 8 Mitspieler / Paarspiel

Der Spielleiter nennt für zwei Spielpartner zwei Dialogteile.

Beispiel:
Spieler A: „Also doch..."
Spieler B: „Ich schaff es nicht..."
Spieler A: „Das geht nicht..."
Spieler B: „Bitte..."

Oder:
Spieler A: „Oh..."
Spieler B: „Das ist zu weit..."
Spieler A: „Von drüben..."
Spieler B: „Hör auf..."

Beide Spielpartner versuchen, mit einer Spielhandlung den Dialogteilen einen Sinn zu geben.

Dabei sind die Dialogteile in der angegebenen Reihenfolge zu verwenden.

Spielt euch nacheinander die verschiedenen Entdeckungen vor.

Verbindung Handlungsstützpunkt / Rechtfertigungsdialog

10 Minuten je Durchgang
Ab 8 Mitspieler / Paarspiel

Verbinde die Übungen zum *Handlungsstützpunkt* und zum *Rechtfertigungsdialog*.

Beispiel:

Spieler A faßt sich mit seinen Händen an seine Ohren, schlägt sich aufs Knie: „Ja, natürlich..."

Spieler B steht von seinem Stuhl auf: „Wie immer..." und holt etwas aus der Hosentasche.

Füge diese Elemente in beliebiger Reihenfolge zu einer Spielhandlung zusammen.

Beachte das Schema:
- Handlung
- Wort
- Handlung
- Wort... usw.

Fremde Arme - fremde Stimme

10 Minuten je Durchgang
Ab 8 Mitspieler / Paarspiel

Zwei Spielpartner: Spieler A stellt sich hinter Spieler B und streckt seine Arme unter B's Armen hindurch.

B verschränkt seine Arme hinter dem Rücken von A. Zur Verdeutlichung kann über A's Arme eine Jacke mit dem Rückenteil nach vorne gezogen werden.

Stelle vor beide Spielpartner einen Tisch mit einem Gegenstand drauf. Beide Spielpartner ergeben zusammen einen Ausrufer, einen Verkäufer, einen Lehrer...

Dabei darf nur A die Arme benutzen, den Gegenstand anfassen und B ins Gesicht fahren, B's Haare zurechtlegen.

B verhält sich zur Gestik von A, die zu seiner eigenen Gestik geworden ist. Hierzu versucht er die passenden Worte zu finden.

Danach: Rollentausch.

Zwei mit einer Stimme

10 Minuten je Durchgang
Ab 8 Mitspieler / Paarspiel

Ähnlich wie bei der Übung *Fremde Arme - fremde Stimme* entscheiden sich zwei dicht nebeneinander stehende, gehende, sitzende Mitspieler, wer Arme, wer Kopf ist. Dabei kann sich Spieler A auf B's Schoß setzen.

Ein dritter Spielpartner steht A/B gegenüber und ist beispielsweise Verkäufer, wenn A/B das fordern...

Spielhandlung:

A und B kommen in einen kleinen Gemüseladen. Sie wollen gemeinsam verschiedene Gemüse kaufen.
Beide sprechen nur gemeinsam: chorisch...
Fangt daher langsam an, sehr gedehnt sprechen.

Beispiel:

„Guuuuutennn Taaaag! Ich wiiiiilll füünf Guurkeen kaaaauuuuffen!" Der Verkäufer (Rolle C) verbleibt in seiner normalen Rolle.

Erschwert wird die Aufgabe, wenn ein Arm von A und ein Arm von B als gemeinsame Figur eine Geldbörse einstecken wollen.

Fremde Räume

15 bis 30 Minuten je Durchgang
Ab 8 Mitspieler / Paarspiel

Baue einen Raum auf: Tisch, Stuhl, Bett, Hocker, wenige
Kleinrequisiten wie Bleistifte, Papier, Tassen, Staubtuch und
eine Tasche.

Die Rolle vom ersten Mitspieler wird von allen festgelegt oder
der Spielpartner legt sich selbst fest.

Beispiel für eine Spielsituation:

Junge Frau morgens im Büro. Kurz nach Arbeitsbeginn. Noch
ist sie allein im Büro.

Die Rolle vom zweiten Mitspieler: Ein Student, der ebenfalls
zur Morgenzeit Vorbereitungen zum Weggehen trifft.

Dabei achtet keiner der beiden Mitspieler auf den anderen. Keiner darf den anderen behindern.

Spielt gegeneinander. Ihr seht euch nicht.

Setzt sich A beispielsweise hin und B sitzt noch auf dem Stuhl,
muß B den Grund dafür finden. Er „ahnt" A's Willen. Er holt
beispielsweise die Tasche, die in einer Zimmerecke liegt.

Beispiel für eine andere Spielsituation:

In einem Hotelzimmer. Ein angetrunkener Mann und eine
nüchterne Frau im *gleichen* Hotelzimmer. Sie können sich zwar
nicht sehen, jedoch hören.

Seid dabei sehr leise, sparsam mit Geräuschen. Was A in der
Hand hat, verschwindet für B - und umgekehrt. Läßt A es los,
wird es für B sichtbar.

Auf dem Bahnsteig. Nachts um 0.15 Uhr. Warten auf den letzten Vorortzug.

Zwei Wartende können sich nicht sehen, jedoch hören und fühlen. Großer Erschreckungsmoment: Lange hinauszögern!

Spiele für abgeschlossene szenische Handlungen

Streichholzszene

20 bis 30 Minuten
2 bis 3 Mitspieler für jede Spielgruppe

Spieler A baut einen bespielbaren Raum. Spieler B beschreibt den Raum. Wenn sich B in den Spielraum hineinbegibt, beschreibt er seine Rolle hierzu.

Beschreibungsmöglichkeiten: Siehe Übungen *Beschreibungsspiel mit Streichhölzern.*

Ein dritter Mitspieler beschreibt sich ebenfalls wie beim Spiel *Beschreibungsspiel mit Streichhölzern* vorgeschlagen. Beide Spielpartner (B und C) spielen um Gegenstände, die vorhanden sind, so daß sie jederzeit in das Spielgeschehen miteinbezogen werden können.

Nach Bedarf können weitere Spielpartner in das Spielgeschehen mithineingehen. Die Rollenbeschreibung erfolgt wie zuvor.

Während der Rollenbeschreibung friert das Spielgeschehen vorübergehend ein.

Macht nach dem Spiel eine schematische Zeichnung zum Spielgeschehen. Gebt dabei jeder Figur eine Farbe - Farbmarkierung mit einem Farbstift. Verbindet jede Figur mit anderen Figuren.

Nennt die Bezüge zueinander, die sich in der Improvisation herausgestellt haben.

Zeichnet Requisiten ein, die genutzt wurden - zwischen wem und zu welchem Zweck? Wurden Requisiten erschöpfend gebraucht, wurden sie vergessen, brachten sie eine Auseinandersetzung? Wer setzte sich mit Konflikten auseinander? Hängt das Ablaufprotokoll (Diagramm) auf und spielt eine neue Szene.

Tücherszene

30 bis 45 Minuten
Ab etwa 8 Mitspieler
Vorher Handtücher und Bettlaken besorgen

Wir setzen uns in einen großen Kreis. Durchmesser mindestens etwa 8 bis 10 Meter. Legt vor euch Tücher aus unterschiedlichem Material: Von der Handtuchgröße beginnend bis zum großen Bettlaken. Benutzt die Tücher zu allem.

Die Tücher können in Verbindung mit einem Darsteller stehen, sie können Sonne, Wind, Nacht, Vergangenheit, ein großer Eimer, ein Funkgerät, die Funkwellen, ein Baumschatten, ein Fluß, ein Fisch, sie können alles sein.

Der Darsteller agiert mit dem Tuch entsprechend seiner Beschreibung. Beispiel: „Ich bin ein Berg..." Er stülpt das Tuch über seinen Körper.

Der nächste Darsteller: „Ich bin eine Krüppelkiefer am Berghang." Er stellt sich neben den ersten Darsteller, hält zwischen seinen Armen schräg aufwärts ein Handtuch.

Der dritte Darsteller: „Ich bin ein Gamsbock." Er formt aus seinem Tuch ein Horn, hält es sich an den Kopf und läßt sich unter der Krüppelkiefer nieder.

Der vierte Darsteller: „Ich bin ein Wilderer." Der nächste: „Ich bin ein Fernglas." Der nächste: „Ich bin der Förster." Der nächste: „Ich bin die Blase an seinem linken Fuß, die er sich bei seinem beschwerlichen Laufen geholt hat" ... usw.

Jetzt beginnt die wechselseitige Aktion im Dialog miteinander. Wer nicht in der Szene gebraucht wird, tritt aus dem „Aufführungsraum" heraus.

Beispiel: Das Fernglas oder der inzwischen getötete Gamsbock. Dabei wird auch das Tuch der Nichtdarsteller abgelegt.

Der aus dem Spiel Ausgeschiedene kann in einer anderen Figur als neues Objekt wieder auftreten. Regeln für die Tücherszene als

Anregungen: Spring über die Zeit hinweg, über Stunden, Monate, Jahre. Beispiel: Der Wilderer hat Rheuma bekommen. „Ich bin das Ziehen in seinem linken Bein."

Springe über den Ort des Geschehens: Ich bin der Geweihhändler in der Stadt, sitze am Telefon und rufe die Frau vom Wilderer an. Die parallelen Szenen sollen koordiniert werden. Allzu viele Einfälle können die sich entwickelnden Szenen stören.

Entsteht zwischen zwei Personen ein Problem? Laßt es erst ausspielen. Erst wenn es wackelige Situationen gibt, können Anregungen von anderen Darstellern gemacht werden: Ich bin das plötzlich umfallende Weinglas oder ich bin der Fleck auf dem Kleid.

Laborspiel

15 bis 30 Minuten
Für 4 bis 6 Mitspieler sind jeweils eigene Rollen zu besetzen
Das vorhandene Raummobiliar und Kleinrequisiten werden für dieses Spiel benötigt

Der Spielleiter bestimmt den Handlungsort. Hier: Das Labor. Mit vorhandenen Mitteln wird der Ort geschaffen: Tische, Stühle, Becher als Drehknöpfe.

Der Spielleiter bestimmt weiter die Rollen der Handlung: Freundinnen, autoritärer Chef, Auszubildender, Cheflaborant... usw.

Die einzelnen Rolleninhaber arbeiten in Teamarbeit miteinander. Auch wird vorgegeben, daß im Spiel irgendwann etwas Ungewöhnliches geschehen wird.

Dialogspiel und Fremdbestimmung

15 Minuten je Durchgang
Ab 6 Mitspieler / Paarspiel
Benötigt werden Kleinrequisiten wie ein Teddybär, eine Zeitung... usw

Nimm eine Tafel o.ä.: Laß in die Rubriken „Person A" „Person B" und „Ort/Zeit" Stichworte aufschreiben, die aus der Spielgruppe kommen.

Person A
38 Jahre
Mann
Arbeiter
müde
verheiratet
Krach zu Hause
mit Lohnabrechnung

Person B
15 Jahre
Heimkind
ausgerissen
hungrig
mißtrauisch
Furcht vor Männern
Mädchen
Punkertyp

Ort
kleine Kneipe
kleine Speisekarte
dreckig
kalt
unfreundliche Atmosphäre

Zeit
23.40 Uhr
5 Minuten bevor die Kneipe schließt

draußen regnet es
in der Bahnhofsgegend einer Großstadt

Das Aufgeschriebene sollte möglichst hinter den Zuschauern gut lesbar auf einer Tafel stehen, damit die Darsteller es während des Spiels immer vor Augen haben können.

Dabei sollte beispielsweise möglichst die Männerrolle von einer Frau, die Mädchenrolle von einem Mann gespielt werden.

Vor den Spielenden liegt eine Ansammlung von Kleinrequisiten: Teddybären, Geldbörse, Zeitung, Korb, Bademütze... usw.

Die Zuschauer wählen für die Spielenden ein Requisit aus. Der Dialog sollte sich anfangs um dieses ausgewählte Requisit entwickeln.

Haltepunkt *Grundform*

20 Minuten je Durchgang
Ab 6 Mitspieler / Paarspiel

Spieler A situiert sich. Er nimmt eine stehende, sitzende oder liegende Haltung ein, in der er einen bestimmten Gefühlszustand ausdrücken kann. Dabei muß es eine „eingefrorene Haltung" sein.

Beispiel:

Auf dem Stuhl sitzend, Beine ausgestreckt und die Arme über die Brust verschränkt. Dabei wird der Blick auf einen festen Punkt des Raumes fixiert mit einem gespannten, interessierten Gesicht.

Spieler A verharrt etwa zwei Minuten in dieser Position. Dabei fühlt er sich in die gewählte Körperhaltung hinein, ohne sich hierzu eine bestimmte Situation auszudenken.

Spieler B beobachtet außerhalb des Spielortes Spieler A. Spieler B nimmt eine Haltung ein, die sich auf den Spielort bezieht. Spieler B hat dabei die von ihm erspürte Situation von A zu durchbrechen. Er versucht dabei mit seiner Haltung „gegen A" zu sein.

Die Beobachter können die Position von B verändern - auch die Entfernung zu A.

Auch Spieler B fühlt sich jetzt etwa zwei Minuten in einer eingefrorenen Position in seine Rolle ein.

Anschließend beginnt ein Dialog zwischen beiden Spielpartnern, die sich vorher nicht angesprochen haben.

Beim Dialog wird die Haltung *nicht* verändert. Auch der Blick, die Körperposition und die Gestik bleiben wie eingefroren.

Führt den Dialog so lange, bis ihr aus dem sich entwickelnden Gespräch heraus die Haltung ändern müßt.

Nach spätestens zehn Minuten ist das Gespräch abzubrechen. Beobachter und Spielpartner geben sich ausführliche Rückmeldungen zum Spielverlauf, zu ihrer Wirkung... usw.

Haltepunkt *Aufbau I*

10 Minuten je Durchgang
Ab 6 Mitspieler / Paarspiel

Jeder Spielpartner darf während des Spiels zwei bis vier Haltungsänderungen vornehmen.

Schon Blickänderung, Blickverlagerung - Wechsel von Stand- und Spielbein - gelten als Drehpunkt.

Haltepunkt *Aufbau II*

10 Minuten je Durchgang
Ab 6 Mitspieler / Paarspiel

Wenn die Haltepunkt-Übung mehrmals trainiert wurde, kann versucht werden, die Fremdbestimmung eines Dialoges zur Eigenbestimmung werden zu lassen.

Beide Spielpartner - A und B - nehmen eine Haltung ein, beschreiben sich selbst.

„Ich bin...".
Die Beschreibung erfolgt erst, wenn mindestens etwa zwei Minuten in der gleichen Position verharrt wurde.
Beide Spielpartner beschreiben sich hintereinander.

Anschließend können die Beobachter des Spiels
- den Ort,
- die Zeit und
- einzelne Requisiten
verändern.

Anhang

Spielserie für eine Zweitagesveranstaltung

Die nachfolgende Spielserie eignet sich zum Einsatz bei einer Zweitagesveranstaltung zur szenischen Spielfindung - wie bei einer Wochendveranstaltung.

Einführung in die szenische Spielfindung (1. Tag)

Fortsetzung zur szenischen Spielfindung (2. Tag)

Spiele zum Einstieg

Spiele zum Ausklang

Spieleregister

Spielebücher

Josef Broich **Anwärmspiele** über einhundert neue Gruppenspiele
160 Seiten, ISBN 3-88735-001-4
Josef Broich **Gruppenspiele anleiten** Vorbereitung und Durchführung
64 Seiten, ISBN 3-88735-004-9
Josef Broich **Körper- und Bewegungsspiele**
über einhundert neue Gruppenspiele
160 Seiten, ISBN 3-88735-002-2
Josef Broich **Phantasiespiele für Gruppen**
über einhundert neue Spiele mit Bewegung, Körper, Kontakt
128 Seiten, ISBN 3-88735-010-3
Josef Broich **Rollenspiele mit Erwachsenen**
128 Seiten, ISBN 3-88735-005-7
Josef Broich **Spielspaß mit Kindern**
über einhundert Kinderspiele mit Bewegung, Spannung, Action
128 Seiten, ISBN 3-88735-011-1
Josef Broich **Sprachspiele**
Gruppenspiele mit Körper und Stimme
128 Seiten, ISBN 3-88735-009-X

Spiel und Theater

Josef Broich **Spiel-Bibliographie** Literaturnachweis 1980 bis 1994
Bibliographisches Handbuch zu Spiel, Bewegung, Animation
336 Seiten, ISBN 3-88735-107-X
Jakob Jenisch **Szenische Spielfindung**
Gruppenspiele und Improvisationen in der Bearbeitung von Josef Broich
80 Seiten, ISBN 3-88735-008-1
Platon M. Karschenzew **Das schöpferische Theater**
Reprint, 242 Seiten, ISBN 3-88735-007-3

Kunsttherapie

Wolfgang Domma **Kunsttherapie und Beschäftigungstherapie**
mit Fotodokumentation, 200 Seiten, ISBN 3-88735-105-3
Wolfgang Domma (Hrsg.) **Praxisfelder Kunsttherapie**
mit zahlreichen Fotos und Abbildungen, 176 Seiten, ISBN 3-88735-106-1

MATERNUS VERLAG KÖLN

Severinstr. 76, D-50678 Köln, Tel. (0221) 32 99 93, Fax (0221) 31 13 37